श्री सृष्टि-सृजन

सृष्टि-सृजन

गोविन्द वल्लभ ठाकुर

BookLeaf Publishing
India | USA | UK

Made with ❤ on the BookLeaf Publishing Platform
www.bookleafpub.in
www.bookleafpub.com

Dedication

इस पुस्तक का श्रेय किसी एक को दे पाना असम्भव है, परन्तु मैं अपने परम पूज्य गुरुदेव भगवान के चरणों में साष्टांग दण्डवत प्रणाम करते हुए मेरे वैकुण्ठवासी पितामह को समर्पित करता हूँ | ऐसा प्रतीत होता है कि उनकी साहित्यिक अभिरुचि ही रक्त प्रवाह के माध्यम से मुझ तक पहुँच रही है | उनके द्वारा लिखे गए कई भजन और पुस्तक क्षेत्रीय आमजनों में अत्यन्त लोकप्रिय रहा है | मेरे आध्यात्मिक जीवन के सोपान बाबूजी और माँ की कृपा अवर्णनीय है, क्योंकि उनकी अन्य चार गुणवान संतानें होने के बाद भी मुझे इस पुण्यवती धरा पर आने सौभाग्य प्रदान किया |

गुरु सदृश अपने सभी अग्रजों तथा अन्य भाईयों एवं बहनों के प्रति कृतज्ञता का भाव रखते हुए उन सभी मित्रों का भी हृदयतल से आभार जो कई कविताओं के कारण भी हैं और मेरी कमियों से मुझे अवगत करवाकर प्रेरित भी करते रहे | मेरी पारिवारिक जीवन यात्रा की सहचरी, दो पुत्रियों की माता का भी मैं विशेष आभार व्यक्त करता हूँ, जिन्होंने अपने लिए कविताओं में कम (नहीं के बराबर) स्थान पाकर भी मुझे सुना और कृपा-कटाक्ष से अनुगृहित किया है |

Preface

गणपति भगवान और माता सरस्वती के अहैतुक कृपा से लिखित यह पुस्तक काव्य के महासागर में एक बूँद मात्र भी नहीं है | साहित्य और भाषाओं की विधिवत् शिक्षा प्राप्त नहीं के बाद भी यदि लेखनी प्रेरित हो रही है तो उसमें अवश्य ही कई महान विभूतियों के आशीर्वाद का ही परिणाम परिलक्षित होता है |

परम पूज्यनीय गोस्वामी तुलसीदास जी ने भी रामचरित मानस के कठिन लेखन के समय यही अनुभव किया कि

"कबित बिबेक एक नहिं मोरें | सत्य कहउँ लिखि कागद कोरें ||"

उसी प्रकार उन्हीं के शब्दों में,

"भनिति मोरि सब गुन रहित बिस्व बिदित गुन एक।
सो बिचारि सुनिहहिं सुमति जिन्ह कें बिमल बिबेक॥"

अर्थात् मेरी रचना सब गुणों से रहित है, इसमें बस, जगत्प्रसिद्ध एक ही गुण है। उसे विचारकर अच्छी बुद्धिवाले पुरुष, जिनके निर्मल ज्ञान हैं, वही इसको सुनेंगे ॥

आशा है कि इस पुस्तक की कविताओं को पढ़ कर विभिन्न श्रेणियों के पाठकगण अपने आपको जुड़ा हुआ अनुभव करेंगे और विशेष आशीर्वाद अवश्य प्रदान कर अनुगृहित करेंगे |

Acknowledgements

इस पुस्तक का सृजन जीवन की विभिन्न परिस्थितियों के अनुभवों का चित्रण लेखनी के माध्यम से हुआ है | समय के बदलते परिवेश में इसकी उपयोगिता का स्तर पाठकों से प्राप्त विशेष प्रेम के बल पर ही सिद्ध हो सकता है |

***

अशेष भी !

अनन्त भी !

***

1. सृष्टि का संयोजन

सौ चंद्र नहीं, सौ सूर्य नहीं,
फूलों का माधुर्य नहीं।
चाहे संसार मिले,
पर तेरे बिना स्वीकार्य नहीं।
आओ जो मन के प्रांगण में,
हो जाए प्रभात मेरे जीवन में।
सम्पूर्ण सृष्टि लग जाएगी, फिर तेरे मेरे संयोजन में।
****

मैं तुमसे जब मिल जाऊंगा,
एक नया अध्याय बनेगा।
मेरे तुम्हारे सम्बन्धों से,
नित्य नया पर्याय बनेगा।
आकर मुझसे जब कह दो सारा,
संवाद प्रथम संबोधन में।
सम्पूर्ण सृष्टि लग जाएगी, फिर तेरे मेरे संयोजन में।
****

****

मन के भीतर सलिल भँवर में,
जब स्थिर हो तेरा रूप प्रिय |
पाता है मन, तब भी सौम्यता,
जब, सर्वत्र हो बिखरी धूप प्रिय |
जब भी चाहूँ दर्शन तेरा,
देख लूँ स्वयं को दर्पण में |
सम्पूर्ण सृष्टि लग जाएगी, फिर तेरे मेरे संयोजन में |

****

तुम बन जाओ चरम बिन्दु,
अनन्त व्योम के नीले नभ का |
जिसे देख कर खुल जाएगा,
मुक्ति द्वार भी इस **वल्लभ** का |
जब साथ मेरे तुम भी बस जाओ,
इस ईश्वर के प्रयोजन में |
सम्पूर्ण सृष्टि लग जाएगी, फिर तेरे मेरे संयोजन में |

****

2. प्रेम की आकृति

कभी जो तुम पर वार दिए, सर्वस्व मेरे भोलेपन में |
तुम्हीं बनाओ वही आकृति, मेरा तुम अपने मन में |
****

जो तुमको हम ख्वाब दिखाए, मुझको भी दिखलाओ,
या तो सब वापस कर दो, या तुम खुद ही वापस आओ|
आकर फिर से भर जाओ, वही अहसास मेरे सूनेपन में|
कभी जो तुम पर वार दिए, सर्वस्व मेरे भोलेपन में |
****

मैं बिखरा हूँ मोती जैसे, आकर खुद में मुझे पिरो लो,
अपने प्रेम की बारिश के, कुछ बूंदों से मुझे भिगो दो |
स्नेह समर्पित हाथ फेर दो, टूट चुका हूँ कण कण में |
कभी जो तुम पर वार दिए, सर्वस्व मेरे भोलेपन में |
****

ढूंढ रहे हैं तुम्हें आजतक, लेकिन तुम ना नजर आई,
जिधर देखते हैं, लगती है सबमें तेरी परछाई |
हम भी वैसे भटक रहे हैं, जैसे भटके राम थे वन वन में|
कभी जो तुम पर वार दिए, सर्वस्व मेरे भोलेपन में |
तुम्हीं बनाओ वही आकृति, मेरा तुम अपने मन में |
****

3. श्यामल संध्या सी सुन्दरता

श्यामल संध्या सी सुन्दरता,
चंद्र किरण सी है कोमलता ।
अक्षर- शब्द सभी मैं भूला, कैसे लिखूँ मैं तुमपर कविता ॥
****

निशाकाल की प्रथम भेंटपर,
कर-अंजुल में पुष्प समेटकर,
चरण तुम्हारे करके अर्पण, विरह की कम कर लूँ आकुलता ।
अक्षर शब्द सभी मैं भूला, कैसे लिखूँ मैं तुमपर कविता ॥
****

कोरे मन के प्रथम पृष्ठ पर,
गीत तुम्हारे नाम लिखा है ।
विरह मिलन अपने जीवन में,
एक मात्र परिणाम लिखा है ॥
सौंप तुम्हें देता जीवन यदि, मेरे भीतर होती इतनी क्षमता ।
अक्षर शब्द सभी मैं भूला, कैसे लिखूं मैं तुमपर कविता ॥
****

****

मेरे प्रिय हो, हो मेरे सखा तुम,
मैं व्योम पटल, हरित धरा तुम |
कैसे मैं अपना अर्थ तुम्हें दूं ?
मैं ज्ञानहीन, हो काव्यकला तुम |
अब यूं मन प्रांगण में आ जाओ, भाव मेरी, पा जाए निश्चलता |
अक्षर शब्द सभी मैं भूला, कैसे लिखूं मैं तुमपर कविता ॥

****

तेरे चरण अंजुरी में रखकर,
और अश्रु बिंदु से उन्हें पखारूं ।
बंद नयन और अंतर्मन से,
आजीवन बस तुम्हें निहारूं ॥
जब अधर बंद कर तुम्हें पुकारूँ, तो मौन मेरी बन जाए कविता ।
अक्षर शब्द सभी मैं भूला, कैसे लिखूं मैं तुमपर कविता ॥

****

4. हमसे हिन्दुस्तान है

कल तक भी था, है आज भी, आगे भी ये रहेगा |
था शीर्ष पर, है शीर्ष पर, और शीर्ष पर रहेगा |
संघर्ष है इसके लिए, इसपर समर्पित प्राण है |
भाल है अवनत सदा, और चरणों में सम्मान है |
****

ऊंचे हिमालय के शिखर सा, है इसकी गौरव की कथा |
ना कर्म हो ऐसा कोई, माँ के ह्रदय को हो व्यथा |
रहती ह्रदय में शांति, और वीरता पहचान है |
धर्म है अपनी दया, और होठों पर मुस्कान है |
****

ये छंद है उम्मीद के, जो आदर में हैं शहीद के |
है अपनी भारत एक धागा, हम सब हैं मोती सीप के |
मन में उमंगें और दिल में, प्रेम का ऊफान है |
हमने देना भी है सीखा, शत्रु को जीवनदान है |
****

करता नित्य प्रणाम है, उषाकाल में ये दिनकर |
इतना शुद्ध है इसका कण-कण, जितना पवित्र है पुष्कर |
जननी है भारत हमारी, हमें इसका गुमान है |
हिन्दी हैं हम, हिन्दू हैं हम, हमसे हिन्दुस्तान है |
****

5. एकाकी पन

जब जब जीवन एकाकी- पन में आता है।
तब तब मन, अपने जीवन को दोहराता है ।

****

पहले सब आता किया धरा अपने हित का
मेरा क्या! जो हुआ, वो सब तो निश्चित था ।
जो था पीछे, जाने कब आगे बढ़ जाता है?
जब जब जीवन एकाकी- पन में आता है ।
तब तब मन, अपने जीवन को दोहराता है ।

****

आता है फिर याद विरह पहला पहला,
जिनके संग था सांझ सवेरे मन बहला ।
कोई अनजाना जाने कब अपना बन जाता है?
जब जब जीवन एकाकी- पन में आता है ।
तब तब मन, अपने जीवन को दोहराता है ।

****

मन से मन को जो बांध सके, कौन हुआ है?
मन की अंतरतम सीमा को कौन छुआ है ?
वो है भीतर! जो बाहर सबको भटकाता है ।
जब जब जीवन एकाकी- पन में आता है ।
तब तब मन, अपने जीवन को दोहराता है ।

****

सबकुछ पाकर भी, जीवन में जब कमी रहे,
हर दिवस-निशि जब अपने से अपनी ठनी रहे।
तब **वल्लभ**, **गोविन्द** के आगे झुक जाता है ।
जब जब जीवन एकाकी- पन में आता है ।
तब तब मन, अपने जीवन को दोहराता है ।

****

6. अब भी तुम्हें क्या याद हूँ?

कह दो प्रिये, अब भी तुम्हें क्या याद हूँ?
मैं हूँ प्रथम या आखिरी संवाद हूँ ?
****

तुमने तुम्हारे ही लिये मुझको रचा,
तेरे सिवा अब पास मेरे क्या बचा?
तुम शब्द की रचना हो मैं आवाज हूं,
मैं हूँ प्रथम या आखिरी संवाद हूँ ?
****

गिर चुका हूँ अब यहीं मैं धूल में,
पर तुम समर्पित हो प्रणय के फूल में |
तुम हो सुगन्ध हर फूल का, मैं श्वास हूँ,
मैं हूँ प्रथम या आखिरी संवाद हूँ ?
****

कल तक मुझे अपना समझकर पास थे,
तुम ही मेरे धड़कन की हर अहसास थे |
क्या कल नहीं था? मैं बना जो आज हूँ?
मैं हूँ प्रथम या आखिरी संवाद हूँ ?
****

****

तुम नहीं पाए समझ मेरी भावना,
मेरी भावना तुमको लगी क्यों वासना?
स्वच्छंद हो विचरो जहाँ, मैं वही आकाश हूँ,
मैं हूँ प्रथम या आखिरी संवाद हूँ ?

****

7. तो समझिए आपको भी मोहब्बत हो गई

जब नींद आँखों में आने से मना करने लगे ।
हर एक आहट पर दिल आपका डरने लगे ।
तो समझिए, आपको भी मोहब्बत हो गई ।
****

पल- पल में दिल की धड़कनें, उतरने- चढ़ने लगे ।
याद आये खास की तो रोम-रोम सिहरने लगे ।
तो समझिए, आपको भी मोहब्बत हो गई ।
****

खुद का पता खुद को न जब लगने लगे ।
फ़रियाद में रह- रह कर, दिल सुलगने लगे ।
तो समझिए, आपको भी मोहब्बत हो गई ।
****

8. जबसे मुझको मोहब्बत है तुमसे हुई

जब से मुझको मोहब्बत है तुमसे हुई,
कुछ ना कुछ तुम बहाने बनाने लगे |
जब भी चाहा मैं अपनी सुनाऊं तुम्हें,
तो दास्तानें तुम अपनी सुनाने लगे |
****

सामने बैठ कर, और कुछ देर तक,
तुमको ही देख कर मैं संवरता रहा |
तुम मुझे देख लो, थी तमन्ना मेरी,
मुझसे फिर अपनी नजरें चुराने लगे |
****

तुमने ही तो कहा था, बनोगी मेरी,
मेरी मंजिल का हर एक नया रास्ता |
जब मुझे मिल गई, मेरी मंजिल मुझे,
रूठ कर मुझसे तुम दूर जाने लगे |
****

****

हौसला अब नहीं कि तुम्हें रोक लूँ,
बहती नदियों सा तेरा ही संसार है |
अब यादों में ही तुमसे मुलाकात होगी,
तुम नए ख्वाब फिर से सजाने लगे |
जब से मुझको मोहब्बत है तुमसे हुई,
कुछ ना कुछ तुम बहाने बनाने लगे |

****

9. चिर संचित मन की अभिलाषा

चिर संचित मन की अभिलाषा, व्योम पटल पर अंकित है |
तेरे मुखमण्डल की सौम्यता, पूर्ण इंदु में संचित है |
****

ऊँचा है अम्बर से ज्यादा,
और पाताल से गहरा है |
अपने अमर प्रेम का किस्सा,
केंद्र बिंदु पर ठहरा है |
है उसका जीवन व्यर्थ निरर्थक,जो तेरे प्रेम से वंचित है |
तेरे मुखमण्डल की सौम्यता, पूर्ण इंदु में संचित है |
****

मन्दिर मन्दिर ढूँढ रहा हूँ,
हो कण कण में तुम बसे हुए |
तुम! हमसब की रचनाएँ होम
या हमसब हैं तेरे रचे हुए |
तेरे लिए मैं, मेरे लिए तू, दृढ़ से दृढ़ संकल्पित है |
तेरे मुखमण्डल की सौम्यता, पूर्ण इंदु में संचित है |
****

****

मैंने तुमको लक्ष्य बनाकर,
मन मन्दिर में पधराया |
तुमको पाकर अपने प्रेम का,
सागर और भी गहराया |
तेरे हृदय में बस जाने को, हृदय मेरा उत्कण्ठित है |
तेरे मुखमण्डल की सौम्यता, पूर्ण इंदु में संचित है |

****

चिर संचित मन की अभिलाषा, व्योम पटल पर अंकित है |
तेरे मुखमण्डल की सौम्यता, पूर्ण इंदु में संचित है |

****

10. प्रश्न सब अंतःकरण के

तुमको पाकर पा गए हल, प्रश्न सब अंतःकरण के|
****

कौन कब-कब आ गए थे, जाने किस-किस रास्ते?
हम भी मिलते जा रहे थे, जो भी मिला जिस वास्ते|
सब मिटे! पर बच गए हैं, चिह्न कुछ तुम्हरे चरण के|
तुमको पाकर पा गए हल, प्रश्न सब अंतःकरण के|
****

तुम ही तो मेरे प्राण के, संचार के, सिद्धांत हो|
और अंतर्मन की दृष्टि, दृश्य भी, दृष्टांत हो|
माध्यम मेरे अब बन गए हो प्राण के आवागमन के|
तुमको पाकर पा गए हल, प्रश्न सब अंतःकरण के|
****

मैं पथिक, तुम पंथ हो और हो परम परिणाम भी,
दीर्घतम से, दीर्घ तुम हो और हो लघु आयाम भी|
अब कृपा हम पर करो, स्वामी बनो चिरस्मरण के|
तुमको पाकर पा गए हल, प्रश्न सब अंतःकरण के|
****

****

तुम विरलतम नभ के, सबसे सघनतम बिंदु हो|
शून्यता से हीन सीमा, पर शून्यता के सिंधु हो|
अब एक ही बस शेष है, **वल्लभ** तेरे सृष्टि-सृजन के|
तुमको पाकर पा गए हल, प्रश्न सब अंतःकरण के|

****

11. हे भारत

हे भारत, मुझमें मानवता का संचार करो |
हे भारत, मुझमें पावनता का संचार करो |
****

मानवता का शीर्ष पुजारी बनकर मैं,
तेरी मिट्टी में घुल- मिलकर सो लूँ मैं |
पावनता से अपने अश्रु को धोकर,
तेरे दोनों चरण पखारकर पी लूँ मैं |
दीप स्नेह के आज जलाकर तुम अन्धकार हरो |
हे भारत, मुझमें मानवता का संचार करो |
****

रहूँ अडिग मैं धर्म- कर्म पर,
जीवन के इस अतुल्य मर्म पर |
देता रहूँ मैं औरों को शीतलता,
अपने हृदय की वेदी को यूँ ही नर्मकर |
अडिग हिमालय सा मुझमें विश्वास भरो |
हे भारत, मुझमें मानवता का संचार करो |
****

****

चन्दन सा बन मृदुल धुँआ उठता जाऊँ,
बनकर गंगा का सा जल मैं बहता जाऊँ |
बस धरा नहीं, मैं स्वर्ग के कोने- कोने तक,
सौभाग्य से तेरी बातें सबसे कह आऊँ |
सबमें भारतवासी होने का तुम अधिकार भरो |
हे भारत, मुझमें मानवता का संचार करो |
हे भारत, मुझमें पावनता का संचार करो |

****

12. अहसास प्रथम आलिंगन का

याद हमें ताउम्र रहेगा, अहसास प्रथम आलिंगन का |
अमिट अक्षरों में लिख डाली, गीत अधर पर चुम्बन का |
****

दिल का द्वार खुला था तेरा, छुपकर प्रविष्ट हुआ था मैं |
मेरी कल्पना तेरी सादगी, पर आकृष्ट हुआ था मैं |
कानों में अब भी गूँज रहा, संवाद प्रथम संबोधन का |
अमिट अक्षरों में लिख डाली, गीत अधर पर चुम्बन का |
****

तन-मन सिहर उठा था जब, प्रथम साँस टकराई थी |
तेरी साँसों की खुशबू, मेरी साँसों में भर आई थी |
महक उठा था रोम- रोम, हो प्रथम पुष्प वो उपवन का |
अमिट अक्षरों में लिख डाली, गीत अधर पर चुम्बन का |
****

फिर छूटा जब साथ हमारा, हृदय विकल होकर रोया |
अपने हृदय की अश्रुधारा से, तेरा हृदय कमल धोया |
फिर से मुझे मेरे लौटा दो, सुध बुध समस्त तन मन का |
अमिट अक्षरों में लिख डाली, गीत अधर पर चुम्बन का |
****

13. तुम्हीं कहो

तुम्हीं कहो! क्या मुझको सीमाहीन क्षितिज तक चलना होगा?
या तो तुमको ही, मेरे अर्थों में स्वयं को आज बदलना होगा |
****
है मन की कथा व्यथा के आगे कौन उपस्थित?
मेरा जीवन अब तक नहीं हुआ परिवर्तित |
बैठे बैठे क्षितिज बिंदु का करता हूं अवलोकन,
पर तेरी स्वर्णिम आभा, नहीं हुई है चिन्हित |
हो तुम जिस भी छोर, मुझे अब तुम्हीं पुकारो,
साधन रहित समर्पित जीवन, तुम्हीं संवारो |
मेरे दृढ़ निश्चय के आगे, तुम्हें पिघलना होगा,
तुम्हीं कहो! क्या मुझको सीमाहीन क्षितिज तक चलना होगा?
****
हर आहट पर हो जाता है मन आशंकित,
है बाहर की ध्वनि, कि हृदय हुआ है झंकृत |
ढूंढ रहा हूं सरवर के तट पुष्प कमल के,
मन उपवन के पुष्प नहीं हो पाए कुसुमित |
जो तेरे मन में हैं बातें मुझे बिन कहे सुनाओ,
मेरे तथाकथित उपवन के पुष्प खिलाओ |
मेरे जीवन पथ का साथी तुमको बनना होगा,
तुम्हीं कहो! क्या मुझको सीमाहीन क्षितिज तक चलना होगा?

****

तुमने ही एकाकी जीवन को किया है सिंचित,
तुमसे मिलकर स्वयं को कर पाया परिभाषित।
करो पूर्ण सब, प्राण विखंडित होने तक में,
अब शेष बची हैं जितनी इच्छाएं अभिलाषित।
मेरे करुण हृदय के अंतर में अब तुम आओ,
एक बार **वल्लभ-वल्लभ** कह मुझे बुलाओ।
मेरे कहने पर ही बाहर तुम्हें निकलना होगा,
तुम्हीं कहो! क्या मुझको सीमाहीन क्षितिज तक चलना होगा?
या तो तुमको ही, मेरे अर्थों में स्वयं को आज बदलना होगा।

****

14. तू चल निरन्तर

ऐ पथिक इस पंथ पर ठहराव मत कर,
जब तक ना हासिल लक्ष्य हो तू चल निरन्तर|
****

जब तिमिर घनघोर छाएगा कहीं पर,
नभतड़ित तब राह दिखलाएगी वहीं पर |
शूल जब भी पांव में चुभने लगेंगे,
वीथियों में पुष्प बिछ जायेंगे गिरकर |
ऐ पथिक इस पंथ पर ठहराव मत कर,
जब तक ना हासिल लक्ष्य हो तू चल निरन्तर |
****

हो यदि प्रतिद्वंदिता औरों से अगर,
तब पराजय मान लो चुपचाप रहकर |
लेकिन अगर हो स्वयं से जब द्वंद्व स्वयं का,
तब लड़ो तुम स्वयं से निर्भीक होकर |
ऐ पथिक इस पंथ पर ठहराव मत कर,
जब तक ना हासिल लक्ष्य हो तू चल निरन्तर |
****

****

जो विहित है, वो तो रहता ही है होकर!
उसको मिला है लक्ष्य, जो उठता है गिरकर |
जो लड़ा है ताप की सीमा चरम तक,
वो ही चमका है अधिक, जो निकला है तपकर |
ऐ पथिक इस पंथ पर ठहराव मत कर,
जब तक ना हासिल लक्ष्य हो तू चल निरन्तर |

****

जब लक्ष्य पर आकर ना कुछ सूझे नयन को,
और सब संवेदना, रह जाएं बिखरकर |
अब अगर **वल्लभ** विकल होकर पुकारो,
तब सारथी **गोविन्द** स्वयं आयेंगे बनकर |
ऐ पथिक इस पंथ पर ठहराव मत कर,
जब तक ना हासिल लक्ष्य हो तू चल निरन्तर |

****

15. तेरा यौवन रूप श्रृंगार

मेरे मन को नहीं भाया, तेरा यौवन रूप श्रृंगार |
तेरे हृदय के अंतर्मन का, भाया है व्यवहार |
****

होंगे तुम पर लाखों मोहित,
नैनन मध्य निशाकर शोभित |
स्वर्ग से शायद ईश्वर तुमको, भू पर दिया उतार |
मेरे मन को नहीं भाया, तेरा यौवन रूप श्रृंगार |
****

तुम हो स्वर्ण रजत की काया,
चन्द्र किरण की शीतल छाया |
सुन्दरता में सुन्दरतम हो, है करुणा तुम में अपार |
मेरे मन को नहीं भाया, तेरा यौवन रूप श्रृंगार |
****

पावनता की रूप कमल हो,
स्वच्छ हृदय की तुम निश्छल हो |
बस कर मेरे तंग हृदय में, मेरे जीवन का बनो आधार |
मेरे मन को नहीं भाया, तेरा यौवन रूप श्रृंगार |
****

****

भुवन मोहिनी तुम दिखती हो,
अमर संगिनी तुम लगती हो |
अपने हृदय के मन प्रांगण में, कर लो मुझे स्वीकार |
मेरे मन को नहीं भाया, तेरा यौवन रूप श्रृंगार |
तेरे हृदय के अंतर्मन का, भाया है व्यवहार |

****

16. कैसे लिखूं मैं तुमपर कविता

श्यामल संध्या सी सुन्दरता, चंद्र किरण सी है कोमलता ।
अक्षर- शब्द सभी मैं भूला, कैसे लिखूँ मैं तुमपर कविता ॥
****

निशाकाल की प्रथम भेंटपर,
कर-अंजुल में पुष्प समेटकर,
चरण तुम्हारे करके अर्पण, विरह की कम कर लूँ आकुलता ।
अक्षर शब्द सभी मैं भूला, कैसे लिखूँ मैं तुमपर कविता ॥
****

कोरे मन के प्रथम पृष्ठ पर,
गीत तुम्हारे नाम लिखा है ।
विरह मिलन अपने जीवन में,
एक मात्र परिणाम लिखा है ॥
सौंप तुम्हें देता जीवन यदि, मेरे भीतर होती इतनी क्षमता ।
अक्षर शब्द सभी मैं भूला, कैसे लिखूं मैं तुमपर कविता ॥
****

****

मेरे प्रिय हो, हो मेरे सखा तुम
मैं व्योम पटल, हरित धरा तुम
कैसे मैं अपना अर्थ तुम्हें दूं ?
मैं ज्ञानहीन, हो काव्यकला तुम
अब यूं मन प्रांगण में आ जाओ, भाव मेरी, पा जाए निश्चलता ।
अक्षर शब्द सभी मैं भूला, कैसे लिखूं मैं तुमपर कविता ॥

****

तेरे चरण अंजुरी में रखकर,
और अश्रु बिंदु से उन्हें पखारूं ।
बंद नयन और अंतर्मन से,
आजीवन बस तुम्हें निहारूं ॥
जब अधर बंद कर तुम्हें पुकारूँ, तो मौन मेरी बन जाए कविता ।
अक्षर शब्द सभी मैं भूला, कैसे लिखूं मैं तुमपर कविता ॥

****

17. जीने का हक है हमको

जीने का हक है हमको, मरने का अधिकार नहीं |
राह दिखाती उम्मीदों की, सपने होते जो साकार नहीं |
****

उठ ना पाते चार कदम भी, साथ ना मिलते हों हमदम भी,
है दूर हमारी मंजिल तब तक, ना करे तिलक पथ का कण कण भी |
ठोकर लगे हमें ना कैसे, हैं मानव हम, अवतार नहीं |
राह दिखाती उम्मीदों की, सपने होते जो साकार नहीं |
****

बादल तो आकाश में है, पर नित्य नहीं जल बरसाता,
अतुलनीय जल संचित करके, ही वसुधा को मदमाता |
दृढ़ निश्चय कर गगन को देखें, इस पार लगे, उस पार नहीं |
राह दिखाती उम्मीदों की, सपने होते जो साकार नहीं |
****

कर्म करें, फल की मत सोचें, है गीता का ये गूढ़ वचन,
अंकुरित कौन करता बीजों को, कौन बनाता इनको वृक्ष तरुण?
हम भी एक दिन बनेंगे काबिल, इससे करते हैं इनकार नहीं |
राह दिखाती उम्मीदों की, सपने होते जो साकार नहीं |
****

****

कभी विजय तो कभी पराजय, ये ही हैं जीवन के आशय,
स्वयं को सबल बनाकर रखें, लगे चाहे दुनिया मायमय |
लौटेंगे ना बीच राह से, जब तक मिलेगा अधिकार नहीं |
राह दिखाती उम्मीदों की, सपने होते जो साकार नहीं |

****

जीने का हक है हमको, मरने का अधिकार नहीं |
राह दिखाती उम्मीदों की, सपने होते जो साकार नहीं |

****

18. संघर्ष अभी तो जारी है

हुए विफल हम आज तो क्या है,
पर कल तो जीत हमारी है |
किसने कहा हम हार गए हैं ?
संघर्ष अभी तो जारी है |

****

क्यों दौर-भाग कर हाँफ रहे हैं ?
ये अंतहीन पागलपन है !
लक्ष्य समर्पित कर लें स्वयं पर,
यही मूल जीवनधन है |
होगा क्यों इनकार जहाँ को, ये दुनिया खुद बेचारी है |
किसने कहा हम हार गए हैं ? संघर्ष अभी तो जारी है |

****

पूरब देखा, पश्चिम देखा,
और देखा धरती से आकाश |
कहीं से कोई नहीं दिखाया,
बुझते हुए दीपक का ही प्रकाश |
क्या बात करें हम चांद तारों की, लगती, रात बड़ी अंधियारी है |
किसने कहा हम हार गए हैं ? संघर्ष अभी तो जारी है |

****

****

भुला दिया हमको जग सारा
जब तक हम पाते अधिकार,
जरा देर वो और भी करते,
मेरे आने का इंतजार |
कहते, दूर अभी मत जाओ, क्यों हमसे सब दुखियारी है?
किसने कहा हम हार गए हैं ? संघर्ष अभी तो जारी है |

****

फिर आज चलें हम अपने रास्ते,
लक्ष्य दिखा है दूर नहीं |
रखकर संयम खुद अपने में,
डिगना है मंजूर नहीं |
आशीष मिले जो पूज्य जनों का, तो मेरी भी बलिहारी है |
किसने कहा हम हार गए हैं ? संघर्ष अभी तो जारी है |

****

19. होना चाहता हूँ

दूरियाँ तेरी मुझे तड़पा रही,
मैं तुम्हारे पास होना चाहता हूँ।
भूलना चाहो भी तो ना भूल पाओ,
इतना तेरा मैं खास होना चाहता हूँ।
****
अगर जिन्दगी मुझको मिले तो दूँ तुम्हें,
हर हँसी होंठों का तेरे नाम कर दूँ,
फिर भी अगर हो तेरे चेहरे पर उदासी,
मैं भी तुम्हारे संग में उदास होना चाहता हूँ।
दूरियाँ तेरी मुझे तड़पा रही,
मैं तुम्हारे पास होना चाहता हूँ।
****
जिन्दगी के जिन पलों में तुम मुझे,
हर जगह महसूस मुझको कर सको,
करने लगो जब धडकनों से बात मेरी,
तेरी साँसों का वो मैं अहसास होना चाहता हूँ।
दूरियाँ तेरी मुझे तड़पा रही,
मैं तुम्हारे पास होना चाहता हूँ।
****

****

जब तुम्हें दुनिया की रौनक ना दिखे,
तब समझना मैं तेरा होने लगा,
जिस जगह तुझको सुकून हर पल मिले,
मैं तुम्हारे दिल का, वो आवास होना चाहता हूँ।
दूरियाँ तेरी मुझे तड़पा रही,
मैं तुम्हारे पास होना चाहता हूँ।

****

देख कर मुझको ना तेरे जी भरे,
हर ख्वाबों में मिलने का मुझसे दिल करे,
पाओ मुझे जितना बढ़ेगी प्यास उतनी,
तेरे अधरों का मैं ऐसा प्यास होना चाहता हूँ।
दूरियाँ तेरी मुझे तड़पा रही,
मैं तुम्हारे पास होना चाहता हूँ।

****

20. सृष्टि की संभावना

मैं शब्द हूँ, तुम छंद हो, मैं हूं पथिक, तुम पंथ हो |
हर आदि का हूँ अन्त मैं, साक्षात तुम गुण ग्रन्थ हो |
मैं आखिरी! तुम हो प्रथम, तुम चन्द्रमा! मैं हूँ ग्रहण |
मैं बिन सुबह की रात हूँ, तुम राह दिखलाता गगन |
****

तुम साथ ना थे जब मेरे, मैं सुबह तक ना चल सका,
बाती उम्मीदों का मैं लेकर, भर रात भी ना जल सका |
मैं हूँ विरह, तुम हो मिलन, तुम हो सुकून, मैं हूँ जलन |
मैं प्रेम में भटका पथिक, तुम प्रेम का वन हो सघन |
****

मैं काश ना मिलता तुम्हें, कोई चोट ना लगती तुम्हें,
जो चाहो मुझे तुम दो सजा, ना कोई गिला होगा हमें |
तुम! हो हर किसी की साधना, मैं हूँ अनसुनी कोई प्रार्थना |
पवित्रतम हो प्रेम से तुम, मैं हूँ घृणित कोई भावना |
****

मैं हूँ गिरा कहीं धूल में, तुम हो छिपी हर फूल में,
जिस पेड़ से टूटा हूँ मैं, तुम हो बसी उस मूल में |
जिससे हुआ तुम्हें क्लेश कुछ, वो शायद मेरी थी वासना |
मुझको भुला देंगे सभी, पर तुम हो सृष्टि की संभावना |
****

21. सृष्टि-सृजन का देवता

मैं चला था सोचकर, पथ पर मुकामें आएंगी,
लेकिन पता था क्या मुझे? मंजिलें दूर रह मुस्काएंगी |
पथ के समर्पण ने बनाया, पथ के पथ के गमन का देवता |
बनते बनते रह गया मैं सृष्टि-सृजन का देवता |
****

रह गया मैं राह का अवशेष पत्थर,
कोई नहीं झांका अभी तक मेरे अन्दर |
यदि कोई होता तराशा, मुझको किसी दिन,
तो बन गया होता मेरा मंदिर एक सुंदर |
और पूजित होके बनता सबके नमन का देवता |
बनते बनते रह गया मैं सृष्टि-सृजन का देवता |
****

अब उठा ली हाथ में नई लेखनी है,
इससे लिखे शब्दों से दुनिया देखनी है |
जब-जब पढ़ेगा बाद में संसार इनको,
तब-तब कहेगा वाह **वल्लभ** क्या बनी है |
फिर बना लेगा इसे, अपने नयन का देवता |
बनते बनते रह गया मैं सृष्टि-सृजन का देवता |
****

www.ingramcontent.com/pod-product-compliance
Lightning Source LLC
Chambersburg PA
CBHW070651240926
51846CB00003BA/866
* 9 7 8 9 3 7 5 2 7 6 7 2 2 *